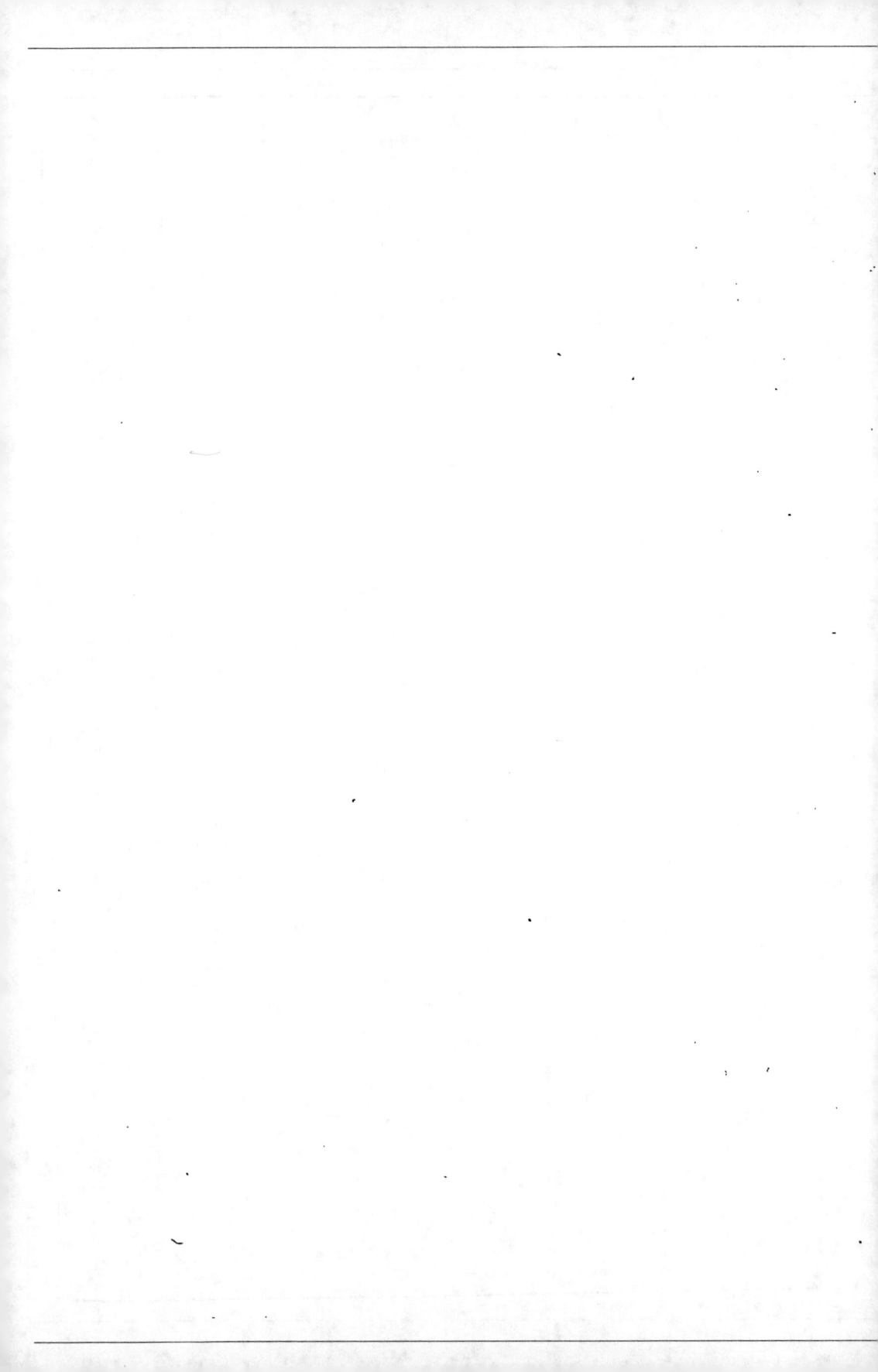

PAROLES

PRONONCÉES AUX OBSÈQUES

De Monsieur le Comte

ALEXANDRE DE MENTHON

PAR

M. L'Abbé BRASIER

Grand-Vicaire, Chanoine de la Cathédrale d'Annecy

PRÉCÉDÉES DE QUELQUES INDICATIONS
BIOGRAPHIQUES

Conserver la couverture

ANNECY
IMPRIMERIE NIÉRAT & Cⁱᵉ
—
1879

LE COMTE DE MENTHON

PAROLES

PRONONCÉES AUX OBSÈQUES

De Monsieur le Comte

ALEXANDRE DE MENTHON

PAR

M. L'Abbé BRASIER

Grand-Vicaire, Chanoine de la Cathédrale d'Annecy

PRÉCÉDÉES DE QUELQUES INDICATIONS
BIOGRAPHIQUES

ANNECY

IMPRIMERIE NIÉRAT & Cie

—

1879

Alexandre de Menthon est né à Dôle le 1ᵉʳ mars 1809. Après y avoir passé son enfance chez ses parents, il devint dans cette ville un des meilleurs élèves du Collége des Jésuites.

En 1828, il entrait au service de Sa Majesté le roi de Sardaigne. Il en sortait en 1839 capitaine aux grenadiers-gardes et chevalier des Saints-Maurice-et-Lazare.

Les traditions de sa famille, comme ses préférences, l'attachant à la Savoie, il reçut de ses parents la terre de Menthon.

Son frère aîné, Bernard de Menthon, habitait près de sa mère, en Franche-Comté ;

Le Comte de Menthon, leur Père, né le 19 octobre 1763 au château de Meximieux, entra au service du Roi de Sardaigne, pendant la Révolution française et fut, comme émigré, dépouillé de ses biens de Savoie.

Son mariage avec Mademoiselle Richardot de Choisey, béni le 2 Août 1801, le fixa en Franche-Comté.

En 1820, il eut la joie de racheter le Château de Menthon ; son premier soin fut d'y rétablir l'ancien Oratoire de saint Bernard.

Il mourut à Dôle le 22 janvier 1829.

Sa sainte veuve, après une longue vie pleine de bonnes œuvres, mourut à Choisey le 25 Decembre 1851.

marié en 1832 avec Mademoiselle Valérie de Klinglin, il eut la douleur de la perdre à la fin de 1839 et se consacra tout entier à ses deux enfants.

Le 14 octobre 1841 Alexandre de Men-

Le Baron de Klinglin, chef de bataillon au 2me Régiment des Grenadiers de la Garde, membre du Conseil général de la Haute-Saône, avait épousé en 1812 Mademoiselle d'Esclans, qui mourait au château de Saint-Loup peu de temps après le mariage de sa fille Valérie. Sa seconde fille épousa le vicomte de Bertier. Arthémine-Caroline-Pauline de Klinglin, la plus jeune, était née à Dôle le 10 septembre 1821. Son mariage avec le comte Alexandre de Menthon fut béni à Vallerystall près de Sarrebourg.

Le baron de Klinglin y avait fondé, dans le bois de l'ancien Comté de Dabo, une verrerie, aujourd'hui prospère, qui absorba une grande partie de sa fortune. En 1856 il se retira à Menthon où ses enfants l'entourèrent du plus tendre respect ; sa bonté lui avait gagné l'affection de tous, une grande patience au milieu de ses peines et de ses souffrances avait achevé de le sanctifier. Il mourut à Menthon le 26 juin 1863.

thon épousait en Lorraine Mademoiselle
Arthémine de Klinglin, qui devint le
charme de son foyer par sa grâce, son
esprit et une singulière élévation d'âme.

Ils passèrent près de trente ans à Menthon dans l'union la plus chrétienne. Leur
vie toute de cœur et d'intelligence exerçait
autour d'eux une bienfaisante action ; leur
hospitalité était très aimable, et semblait
animée des exemples de saint Bernard de
Menthon. Ils tenaient à honneur de main-
tenir et d'étendre son culte, avec une piété
filiale, se plaisant à fouiller les vieux
documents et à étudier ensemble la vie des
Saints de notre chère Savoie.

Soudain, le 8 février 1871, la comtesse de Menthon mourait à Neuchâtel, où elle était allée donner ses soins aux soldats de l'armée française qui venaient de passer la frontière. Monsieur de Menthon devait la rejoindre dès le lendemain des élections pour l'Assemblée constituante. Il arriva à Neuchâtel quelques heures après sa mort... L'âme brisée de douleur il chercha son secours en Dieu, et jusqu'à la fin de sa vie il continua à faire sans bruit beaucoup de bien.

Mais une maladie de cœur diminuait ses forces d'année en année, et au mois de septembre 1878, il fut frappé d'une atta-

que de paralysie. *Son vénérable ami*, *Mon-
seigneur Dupanloup*, *se sentant lui-même
bien près de sa fin*, *vint une dernière fois
à Menthon pour le consoler et lui faire
ses adieux*.

*Après un hiver passé en Franche-Comté,
Monsieur de Menthon voulut*, *comme de
coutume*, *retourner en Savoie*, *et présider
à la fête de saint Bernard; il était plus
souffrant : ses amis venaient le voir*, *ses
parents accouraient près de lui ; il les recevait si bien !*

Le lundi 21 juillet, *M. Alexandre de
Menthon se faisait encore porter dans la*

chapelle du château pour y entendre la messe, en prenant part à un pèlerinage de la paroisse.

Le soir du même jour, un accès de fièvre le frappe mortellement; le lendemain il se confesse à M. le Curé de Menthon, acceptant cette préparation à la mort avec une paix qu'il conserva jusqu'à la fin. Après minuit, on lui apporte la sainte communion; il l'attendait avec son recueillement accoutumé. Le samedi soir 26 juillet, en présence de sa famille et des gens de sa maison, il reçoit avec la même foi le sacrement de l'extrême-onction. Le lundi suivant, la bénédiction du Saint-Père lui est apportée.

Puis vinrent des jours de silence et les heures douloureuses de l'agonie... La dernière nuit, il gardait encore sa connaissance; il entendait les prêtres de la paroisse qui l'assistaient. Tous les siens l'entouraient en récitant les dernières prières...

Vers onze heures et demie du matin, il releva la tête et rendit son âme à Dieu. C'était le vendredi 1ᵉʳ août 1879.

†

Le lundi 4 août, on vit se presser dans les cours du château et dans ses salles attristées les habitants de Menthon et des paroisses voisines; ils venaient accompagner à sa dernière demeure la dépouille mortelle du comte de Menthon, enlevé trop tôt à la tendresse de sa famille, à l'attachement de ses amis, à la reconnaissance de ceux au milieu desquels il avait passé, en faisant le bien, la meilleure partie de sa vie.

Quand le service religieux célébré dans l'église paroissiale fut terminé, quand les solennelles prières de l'Eglise eurent cessé

de se faire entendre, *M. l'abbé Brasier,*
chanoine de la cathédrale, ancien curé de
Talloires, voisin et ami du défunt, pro-
nonça avec émotion les paroles suivantes :

MESSIEURS,

Vos propres souvenirs et ce que vous éprouvez en vous-mêmes de tristesse et de peine à la vue de ce cercueil, vous disent assez pourquoi je suis dans cette chaire. Assurément le concours si remarquable de tant de personnes distinguées accourues de toutes parts pour assister à cette funèbre cérémonie est un juste et bel hommage rendu à la mémoire

du très-regretté comte Alexandre de
Menthon. Toutefois, parmi tant d'âmes
profondément touchées de cette perte,
il en est qui le sont tout spécialement.
Ce sont, avec les habitants de cette
paroisse, ceux des paroisses voisines,
qui, toutes, semblaient être la sienne.
Eh bien ! c'est au nom de ces popula-
tions, qui l'ont tant connu, estimé, vénéré, et que lui-même a tant aimées ;
c'est en leur nom et pour acquitter leur
dette, que je viens, moi, hier encore
curé de Talloires, lui adresser, à cette
heure du départ, une dernière parole
de respect, de reconnaissance; une parole de grand regret.

Messieurs, nous nous souvenons de

ce triste jour de février (1871), où tous ici, nous rendions les derniers devoirs à Mme la Comtesse de Menthon, la digne épouse du vénéré défunt; cette femme forte et douce, dont la mort héroïque a ému la France entière, on peut bien le dire. Nous la connaissions depuis long-temps grande aumônière et vraie sœur de charité, dans nos hameaux, au chevet de nos pauvres malades. On ne pré-voyait pas son dernier sacrifice. Tout autre époux ne l'eût pas laissé partir : tant de raisons y mettaient obstacle ! Mais il s'agissait de se dévouer, de don-ner l'exemple, de servir Dieu, la France dans ses douleurs, et les corps et les âmes de nos malheureux soldats.....

Non, le comte de Menthon ne pouvait la retenir... Il l'eût bien plutôt accompagnée, si cela lui eût été possible... Hélas, il ne la retrouva, il ne la revit plus que morte de fatigue... Quelques jours après, il nous la ramena dans cette église, et nous l'avons vu, lui, l'époux désolé, mais généreux et saintement résigné, verser là toutes ses larmes sur le bord de cette demeure souterraine, où l'on descendait cette noble dépouille, et où il va maintenant la rejoindre..... Dès ce triste jour, ce véritable homme de bien, ce grand chrétien, est resté sans doute égal à lui-même, toujours aussi bon, aussi bienveillant, aussi dévoué à tous et en tout;

mais il avait reçu, il portait au cœur
une large blessure, il semblait regarder
toujours au loin..., et jusque par delà
la mort... C'était la vérité. Ses intimes
et les siens savent que, dès lors, les
années et les infirmités survenant, tout
doucement, sans amertume et dans
une grande paix, il se préparait à la
mort. Ce lui était facile. Il n'avait qu'à
persévérer dans sa sainte vie, qu'à se
continuer lui-même jusqu'à la fin.

Je ne dis pas : la fortune..., mais l'an-
cienneté de race, la noblesse du sang est
assurément une bonne gloire, trop vaine
pourtant, si elle se repaît d'elle-même
et ne se donne pas d'autre lustre et un
autre mérite. Notre regretté défunt

était *Chrétien avant tout*, et dès lors il avait bien compris ce à quoi noblesse oblige, et où réside la vraie grandeur comme le véritable honneur.

« *Beatus vir qui timet Dominum... Beatus qui intelligit super egenum et pauperem...* » Bienheureux l'homme qui craint le Seigneur. Bienheureux celui qui comprend, c'est-à-dire qui console et soulage le pauvre et l'indigent.

Ces deux textes, expression même de la pensée de Dieu, ont été comme le dessin sur lequel notre cher défunt, semble s'être étudié à calquer sa vie. Servir Dieu, obliger ses frères, assister tout spécialement les pauvres, c'était bien là son inclination principale et le grand attrait de sa nature excellente. Habitants de Menthon, vous qui l'avez possédé au milieu de vous pendant plus de 40 ans (nul autre séjour ne lui plaisait à l'égal de Menthon, il en partait le plus tard et il y revenait le plus tôt possible), vous ne pourrez jamais oublier, n'est-il pas vrai, les bons exemples que cet homme de bien a semés au milieu de vous comme à pleines mains? Dans le service de Dieu, vous l'avez toujours vu le premier à votre tête. A la grand'messe, son livre de prières à la main, il vous apparaissait recueilli comme un religieux. Vous savez comme il vous a toujours montré le chemin de la table sainte. Ah ! comme il se faisait un bonheur de se mêler à vos rangs, à la suite de votre bannière, dans les processions ordinaires du Saint-Sacrement, dans votre village, autour de votre église, aussi bien que dans vos pèlerinages lointains, et spécialement à celui que vous avez fait plus d'une fois à nos chers Saints de la Visitation...

Chrétien ! oui, il l'était absolument, dans toute l'étendue de son âme, sans ostentation mais sans faiblesse. Il l'était dans sa vie publique autant que dans sa vie privée ; il l'était dans son salon comme ici dans l'église... Vous, ses amis, vous savez avec quelle simplicité, quelle vérité, quel naturel, il parlait de la Religion, de la Foi, de notre sainte Mère l'Eglise... On voyait bien alors qu'il parlait la langue de sa maison, la langue de sa mère, la langue de son enfance, la langue de la vieille Savoie...

Et cet esprit de foi le suivait partout, l'inspirait en tout, aussi bien dans l'accueil aimable qu'il faisait, dans son château, au missionnaire, au pauvre frère capucin, à la petite religieuse qui quêtait pour ses orphelins, que dans cette autre hospitalité plus grande qu'il donnait aux évêques, dont les plus illustres étaient ses amis.

On sait aussi que notre vénéré défunt avait un vrai culte pour ses aïeux, qu'il s'intéressait vivement à l'histoire de sa maison : mais pour lui, le premier, le plus glorieux de sa race,

était saint Bernard, parce qu'il fut
un saint et un grand saint. Oui, saint
Bernard n'était pas seulement pour le
Comte Alexandre la gloire de sa maison,
il en était encore le modèle et le pro-
tecteur ; aussi ce bon chrétien n'a pas
eu de paix, de cesse qu'il n'ait obtenu
de l'église de Novare, sur l'ordre du
Saint-Père, une relique de son saint,
de laquelle il enrichit cette chère chapelle, chambre vénérée de saint Bernard, où il a passé tant d'heures de sa
vie.

Messieurs, un seul mot encore sur sa
charité. Je vois ici tous les pasteurs des
paroisses voisines. Que ne peuvent-ils
tout dire et révéler ici leurs secrets ? Ce

seul trait suffira. Quand ils recevaient la confidence d'une grande misère, surtout lorsqu'elle devait se prolonger, c'était à lui qu'ils l'adressaient toujours. Le pauvre, porteur de quelques lignes de recommandation, se présentait au château avec confiance ; souvent c'était l'excellent Comte qui voulait l'interroger et le consoler lui-même ; mais à coup sûr, cet infortuné était dès ce moment sur la liste de ses amis. J'appelle ainsi les malheureux et les pauvres : Il en recevait tant chaque jour !

Après une telle vie, que j'aimerais, Messieurs, vous redire sa belle mort et tout ce qu'il a montré de foi, de patience, de sainte résignation pendant sa

maladie. Entouré de tous les siens, avec
la piété d'un saint, il a reçu son Dieu, il
a béni ses enfants, ses petits-enfants,
ses serviteurs eux-mêmes, ayant un mot
pour chacun : ainsi mouraient les pa-
triarches. La dernière heure approchait :
la bénédiction du Saint-Père lui est en-
voyée. A cette nouvelle, sa ferveur se
ranime : Quelle douceur pour son âme!

Enfin, après plusieurs jours de prières
et de saints soupirs, dans un dernier acte
de foi et de parfaite confiance en son
divin Maître, ce fidèle serviteur s'est
endormi dans les bras de la Croix.

O père des pauvres, ô homme de
foi, chrétien notre modèle, dans ces
jours mauvais, nous avions tant besoin

de vos exemples et de vos leçons, et vous nous quittez ! Mais non, nous le conserverons, Messieurs, dans nos meilleurs souvenirs. Habitants de nos paroisses, vous parlerez de lui à vos enfants ; tous, nous garderons sa chère et sainte mémoire. Mais, ce qui vaut bien mieux pour lui, déjà maintenant, nous en avons l'espoir, il vit avec Dieu, cet unique Maître qu'il a toujours si fidèlement servi.

Seigneur, vous qui jugez les riches et les pauvres, les grands et les petits, si tant d'œuvres de foi et de charité n'ont pas tout expié, ah ! écou-

tez en ce moment nos prières. Tous ici,
nous sommes ses obligés, tous nous lui
devons quelque bienfait, n'en aurions-
nous reçu que l'exemple de sa belle vie !

Oui, Messieurs, prions tous ensemble
pour sa sainte âme, et puissions-nous
désormais nous montrer toujours et en
tout aussi bons chrétiens que lui.

80